でこぼこステップ

トリペと 7

コンドウアキ

Contents

モッチン

2歳をむかえる
コンドウ家の次女。
走ってしゃべって、
イヤイヤ期に突入…。

私

姉妹の育児に振り回され、
ときに鬼になる母。
仕事は
キャラクターデザイナー。

トリペ
コンドウ家の長女。
妹にはやさしいが、
母や父には厳しい、
むずかしいお年頃。
タロウイチ
女子たちの闘いを
基本やさしく、たまに
オロオロ見守る父。
フリーデザイナー。

はじめに

相変わらず妹ラブ♡な、お姉ちゃん・トリペに対し
魔の2歳を目前にして、荒ぶる妹・モッチン。

いっしょに遊んで、ケンカして、仲なおりして…
それぞれの成長と、深まる姉妹のきずな。

コンドウ家は今日もにぎやかです！

1

第1章

はじめてがいっぱい。
それぞれの秋

1. 生まれてはじめて

足はそう速くないトリペ

運動会の練習で
はじめて1番になったらしい

"生まれてはじめて"とか
言うようになりました…

2. スリル

たったか
たったか
次女らしく割と活発に
動くモッチンですが
あぶないっ
ウンウン
こっちも慎重
初めての子は
親も慎重だからか
あまり無茶しない…
……
ちょっとした
坂……
じりっ
大丈夫よ…
スリルをまとっているね…
"少しあぶない"と"ワクワク"
が入りまじる坂道

3. 踊り

観客
熱心だなぁ…
運動会の練習に余念がありません…
もう時間がないのよっ
バッ
バッ
あと8回しか練習できないのっ
トリペ〜 お〜い
いいから風呂入りな…
お父ちゃん呼んでるよ…
なんだこのインドみたいな踊り…
これはロシアの踊りよ!!
ムフーン
インドじゃなかった…
どこでも自主練…

4. 甘えてる？

めそめそ
ぐずぐず
緊張？
運動会本番が近づくにつれ
不安定なトリペ
まあ存分に甘えてくださいよ…
ほーれ
おぐっ
のぼり
のぼり
ぐ…
首が…
いいですよ…
甘えていいんでしょ
フニス!!

5. まさかね…

ガハッ
ゲヘッ
ガフッ
うちのコらはすぐ気管支をやられる…
モッチン肺炎…

モッチンさん お水です〜…
しっかり〜
ゲヘッ
ガフッ
高熱が7日間続き
8日目にようやく37℃台に…

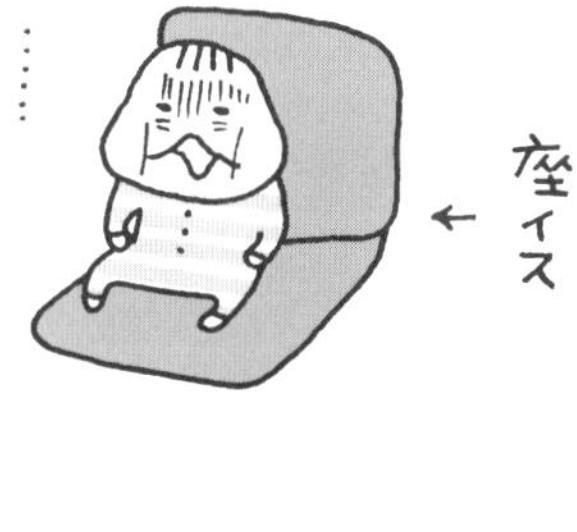
……
座イス

あの…
モッチンさん パンです…

うつろな目
遠い表情

ヤバい… 水の次に好物のパンも もっているだけ…
ウッ…

ここ数日はずっと
ゲヘ
ガホ
ゲフ
口をあければ咳
大丈夫?
寝不足
ゴヘ
ガフゲフ
ギア〜〜ッ
泣き声か咳しか出ない
30分と連続で
寝られずずっとギャン泣き…
まああれだけすごい咳
してるから
からだも辛いんでしょう
まさか筋肉痛ってことは
ないと思いますけどね
あっはっは
ちっとも
おもしろくない…

6. 抜歯

あ〜…
親知らず抜歯です…
やっぱり今しかない…
スケジュール
ハー…
あごの骨にゆ着するからはやく!!
なんで生えてくるんだ親知らず…
しょんぼり
トボ
トボ
モッチンが体調わるかったので迷っていたのですが
あが
大口をあけながら現場の様子を観察してみると
大きく口をあけてください
はい

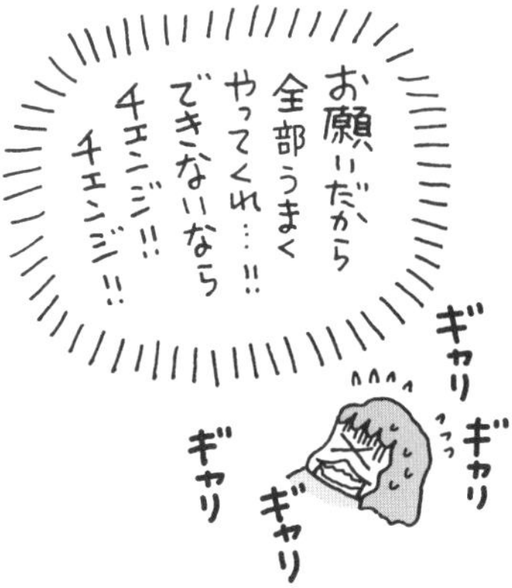
お願いだから
全部うまく
やってくれ…!!
できないなら
チェンジ!!
チェンジ!!
ギャリ
ギャリ
ギャリ
ギャリ

ちょ…
2日後
トリペの運動会…
首も耳も腫れてるョ…?
誰…?
施術直後から抜歯側の
扁桃腺が腫れ激痛…

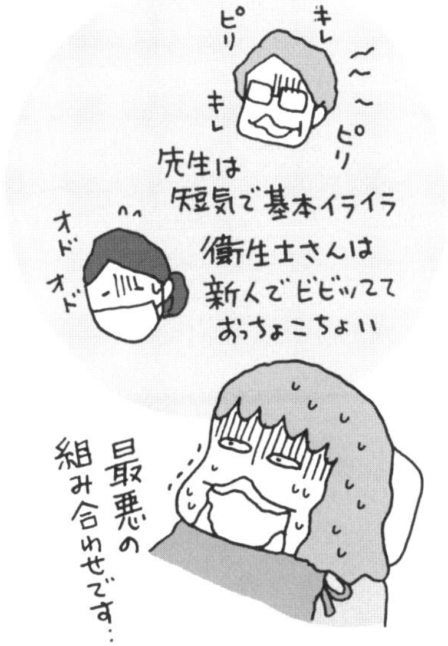
ピリ
キレ
キレ
ピリ
先生は
短気で基本イライラ
オドオド
衛生士さんは
新人でビビッてて
おっちょこちょい
最悪の
組み合わせです…

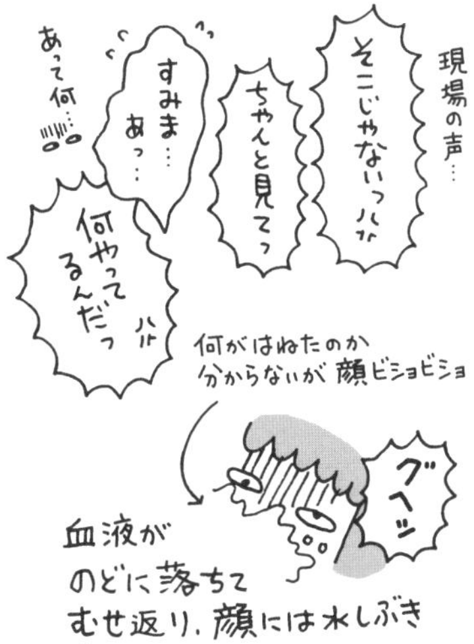
現場の声…
そこじゃないっ バカ
ちゃんと見てっ
すみま…
あっ…
あって何…
何やってるんだっ バカ
何がはねたのか
分からないが 顔ビショビショ
グヘッ
血液が
のどに落ちて
むせ返り、顔には水しぶき
変な薬(?)も落ちてきて

7. 運動会の朝

ああっ
運動会は雨で延期…
ぎゃーんっ
うわあああん
うわああん
楽しみにしていた
トリペは号泣…
雨の神様
ありがとう…
ホッとする私…
私はココには
いません
ちょっと
とらないでっ
ギーッ
歯は痛く 子らは小ぜりあい
部屋は散らかり 外は雨

8. 呼びすて

いつの間にか
小走り
そろそろ幼児に…
トリペ
ねーねよっ
トリペ～
マ!!
クマ
ナカヨシ

9. こーちゃん

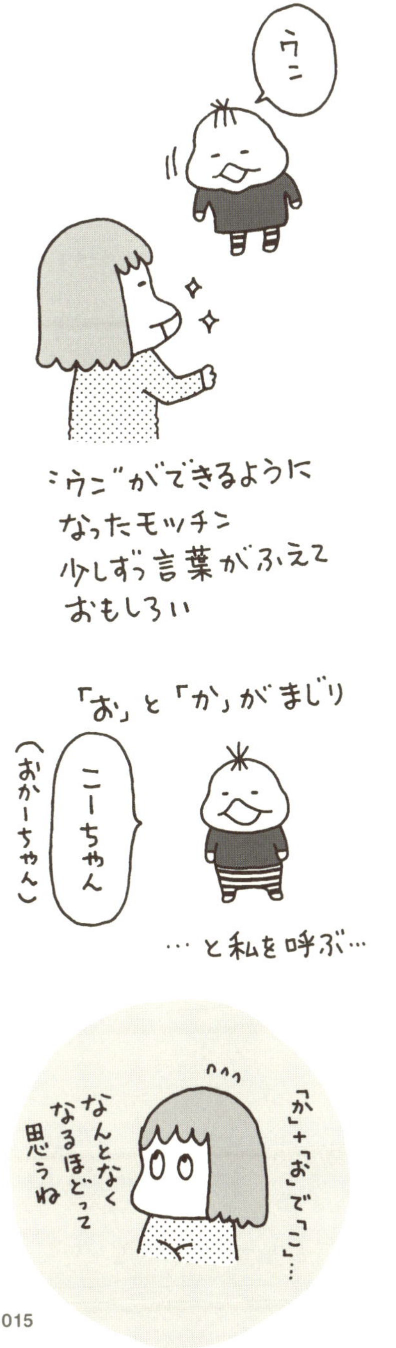
ウニ
〝ウニ〟ができるように
なったモッチ
少しずつ言葉がふえて
おもしろい
「お」と「か」がまじり
こーちゃん
(おかーちゃん)
…と私を呼ぶ…
「か」+「お」で「こ」…
なんとなく
なるほどって
思うね

10. くりひろい

バケツ
くりひろいにきました
1歳半の人はケガせずに
ひろえるのかな…と見ていると
……
じっとあたりを見渡しては
くりをひろう
……
あたりを見渡しては
イガをよけて くりをひろう

おう…
よく見ていますね…
イガさわらないんですね…
じっくり
キリッ

意外に慎重派のモッチンであった…

イガはいたいからねー さわらないでねー
ちゃんと聞いていたのだな…

あと蚊がいます
虫よけしっかりしてくださーい

あっかゆい!!
指のまた刺されたっっ

聞いていたのに避けられなかった人

11. やっと運動会

ようやく晴天!!
運動会です

かけっこしたり

障害物競争したり

玉入れをしたり

踊ったり

12. 読んで!

たたた…
いいっ かわいいっ
のしっ
お気に入りの本を
もってきては
ひざにのっかる
おばけは…
おばけ絵本と
サーカスの絵本が
お気に入りです

地域参加のお土産とり競争に
参加してみたものの棒をもっている人が
病児保育の先生で
固まってしまったモッチン…
どしたの
?
石化…
たのしかった?
うん!!
……
結局
石化が
とけなかったため
父にとってもらった…

13. なぞのこだわり

お姉ちゃんに貸してもらった
リカちゃんを 全裸にできなくて
この世の終わりくらい
大号泣するモッチン

仕方ないので別の人形を
全裸にさせて おしっこさせる
モッチン

14. おすそ分け

あ モッチン
ビスケット
ビスケット…
はい
パアッ
たたた…
ありがとー!!
2つもらったら
1つはお姉ちゃんに
もっていく…

15. 結んで！

かーいー ここ!!
ああ!! ハイハイ
モッチンの言葉や行動で
いろいろ読めるように…
あら かわいー
…から結ぶのを「かわいー」につなげたのね…
ほっこり…
ほい できた。
かーいー♥
ご満悦

16. 寝た子を

ぐぅ
ぐぅ
うたたね…
すーすー
……
待機…
そ…
すー
ぐー
寝ている人の側へは行かない
寝ている人おこしてはいけないと保育園で言われているのかな…

17. はいポーズ

しまった
気づかれたっ
さっ
たーっ
ピシッ
や…
自然にしてていいんスよ…
なぜかカメラを
向けるとイスに座って
姿勢を正してコチラを向く…

18. 新時代

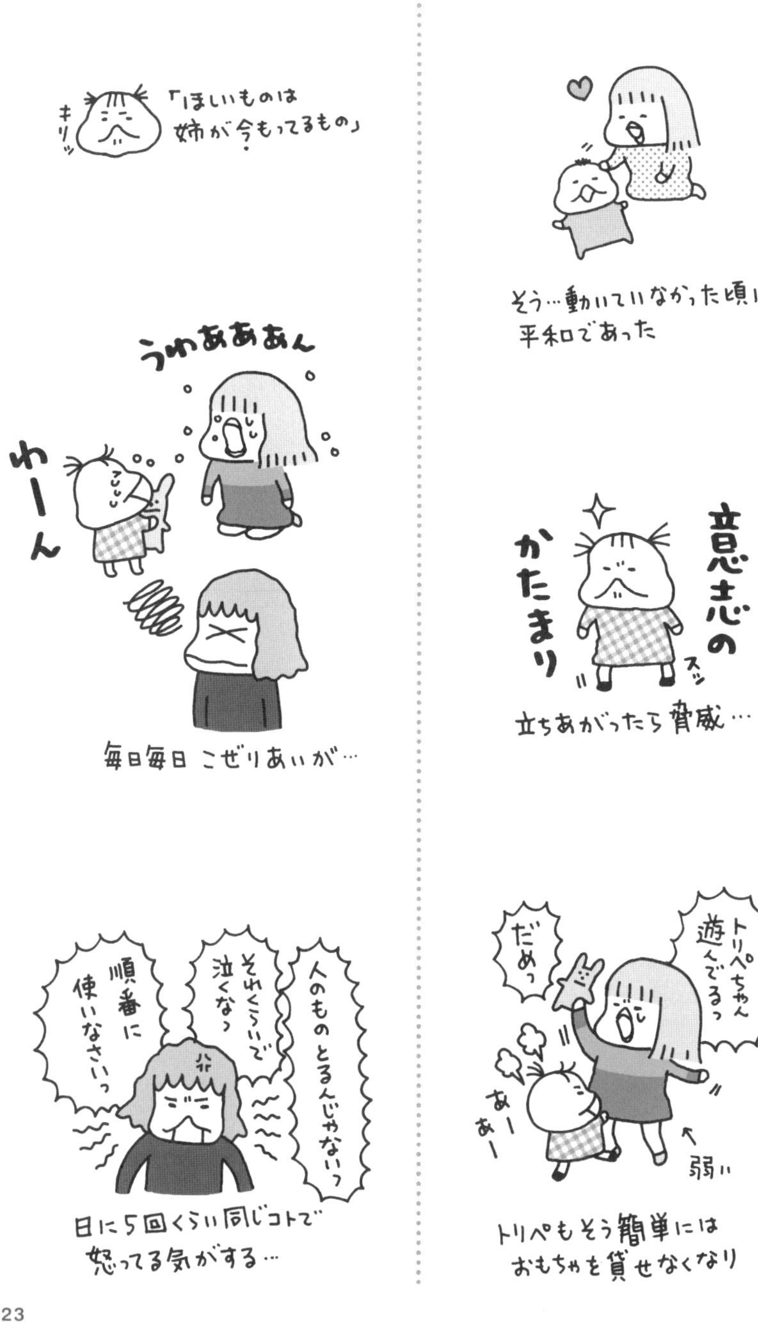
そう…動いていなかった頃は
平和であった
意志のかたまり
スッ
立ちあがったら脅威…
トリペちゃん遊んでるっ
だめっ
あーあー
弱い
トリペもそう簡単には
おもちゃを貸せなくなり
キリッ
「ほしいものは
姉が今もってるもの」
うわあああん
わーん
毎日毎日 こぜりあいが…
人のものとるんじゃないっ
それくらいで泣くなっ
順番に使いなさいっ
日に5回くらい同じコトで
怒ってる気がする…

19. テーブルの暴君

小さいくせにエラそう…

ある日のモッチン

モッチンは王様…

20. 単独行動①

21. 単独行動②

いないと思ったら…
ウン
ウン
むふーん
ピシ…
色々1人行動がふえていておもしろい…

22. 単独行動③

キリッ
バイバーイ
家出?!
えっどこ行くの?

23. きっちり

さんま
すご…さんま一尾食べるんだ…
小さいくせに…
ス…
自分のテーブルから家族の食卓へ
スッ
スッ
ゴー
※ごちそうさま
あっはいよく食べました!!
↑キレイになった自分の食卓
きっちりしてますね…
キリッ
スッ
スッ

24. 知り合い？

公園へ行く

普段 同い年くらいのコがいても
交流しないので 保育園の
顔なじみのコと思われる…

日常1コマ

25. そこはスルー

コラッ
危ないでしょっ
ビク
クーッ
わああああああ
ストン
泣きながらおりてきた
ほら危なかったね〜
テーブルにのぼっちゃダメだよ〜
わああ
あ…
わあああ
スッ
おーー
ヨシヨシ
わああ…
ガシッ
ナニソレ

26. はじめての

お昼寝あけ

モッチン!!!
モッチン!!
のたのた

オムツに出ていなかったので
オマルにさそう

!
!
ミャー

モッチン
えらいっ
天才!!
パチ
パチパチ
どやぁ…

2人目だから知っている…
ここからパンツまでの
道のりが長いことを…

27. 異変

今日のモッチンはひと味ちがった…

28. 原因

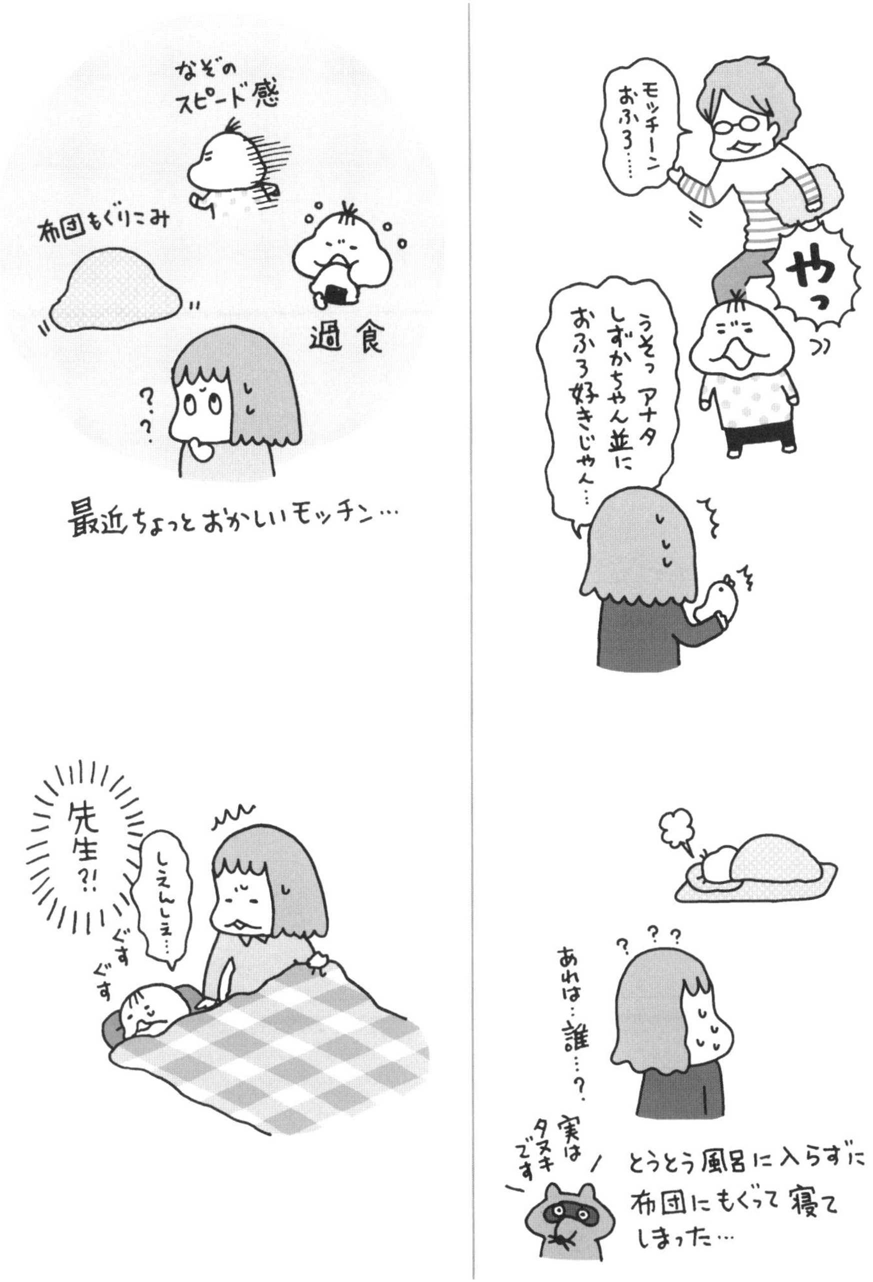
なぞの
スピード感
布団もぐりこみ
過食
?
?
最近ちょっとおかしいモッチン…
モッチーン
おふろ……
やっ
うそっ アナタ
しずかちゃん並に
おふろ好きじゃん…
先生?!
しえんしぇ…
ぐすぐす
あれは…誰…?
実は
タヌキ
です
とうとう風呂に入らずに
布団にもぐって寝て
しまった…

あー!!
最近新しいコが入りまして
ハイハーイ
モッチニちゃんお気に入りのYがそのコにかかりっきりなんですよ…!!
Y先生
はーなるほどなるほど
諸々のなぞが園長先生によって解明…
くつ!!
え?くつはかせてほしいの?
めずらしい…
いつもは手出しすると怒る
ほい
スポ
えっ
ばしーんっ
しえんしえ〜っ
お母ちゃんでは力不足ですか…
すいません…

ある日のモッチン
ふだん会えない人と会うと
ピミカーン
何か刺激をうけて
色々つながるのか
ちょーらい
かーしーて
カエル
もーいい
あっち!!
ココ
ペラ
ペラ
お…
おお…
モッチンのVerが
あがった…
急に語いがふえる…
…という
くつをぬいでは
はかせる
ぬいでは
はかせる
と5、6回
くりかえして…
しえんしえーと
泣くんです…
あららら…
モッチーン
ハハハハハ
その後先生がフォロー
してくださったらしく
お母ちゃんの
コトも思い
出してね…
落ち着きをとり戻した
モッチンであった…

29. ハロウィン

ショッピングセンターにきました
あっ あれ やりたいっ
着て写真をとろう!
やってみたかったんだヨ〜
あ〜 ハロウイン…
コレにしよ〜♡
いそ いそ
おー いいよ!! いい!!
ハハハハハ
あれ?モッチン…?
あ…おつかれさまです…
そうじ…
さっさか
さっさか

30. 出し切った

ズル
ズル
2人そろって鼻タレで
超キゲン悪し…
お昼寝しなよ…
体調わるいんだから
大丈夫っ
イラ
イラ
イラ
ギャー!

うわああん
うわああん
あっけ…
お昼寝あけ
なぜ子どもは眠いのに寝ないんだ
だから寝ろと言ったのに…
眠さピーク時に
モッチンとやりあい大号泣
ゔわあ゛あ゛
あ゛あ゛あ
もうこれでもか!というほど
泣いて泣いて泣きつくし
デトックス…?
泣きすぎて顔パンパン…
妙にスッキリした表情の
トリペ

31. 年中女子と…

年中になる頃…
保護者会で言われたコト
お母さんたち
年中さんの女子は
大変です
口が達者で
やりたい放題
ですから!!
心してかかって!!
ごくっ…
もーこういう
時期だと思って!!
……

ご助言通りです…
ああ言えばこう言う…
毎日ふざけては口ごたえばかりする
トリペ…
ああ…
また
モメている…
どうしよう…
そうだ
何かおもしろい
ことをして
笑ってもらおう…

ぺろーん
ころん
誰もみていない…
ああ…
キミは私とトリペがやりあってんの見てどう思ってんの
フー
あいつめ…
戦いおわった
あーまた女子がなんかやってるな…
…て思ってる
ハハハ
クラスの男子かっっ

32. 上から

やりあった日の夜
腹の上にトリペが…

…なんで人の腹の上でまで
そんなにえらそうなんだよ…

33. みんなちがう

保育園にて
トリペちゃんはいいね
なわとびもおえかきも得意でMは何にもできないから
ママー
Mちゃんママ…
そんなコトないよ！Mちゃんは毎日お手紙くれるし住所もかけるんだよ
すごいんだよ
みんな得意なことやできることはちがうんだよ!!
…ということが今日ありまして…
お母ちゃんお迎えはやいっ
先生…私久しぶりにトリペのいい話聞いた気がします…
あいつ最近小鬼みたいで…
また怒ってるし…
小鬼て…お母さん…
成長してるんですよみんな…
ハイ…

34. そういう時期

どうですか お母さん 最近の トリペちゃんは～
いいたいことで いっぱい…
トリペの保育園
個人面談の日
最近は返事を しない…
心配です…
話を聞いてない… 落ち着きもない… 一体どうなってるのか…
しーん
あー 大丈夫です お母さん!!
ハハハ
今はそういう時期です!! 5歳はみんな そう!! 放っておいて いいです!!
ウンウン!!
先生そんなのを 十何人も毎日 どうされてるんですか?
5歳って…

第2章

すっかり
姉妹になりました

35. モッチンの!

広場であそんでいたら
2歳くらいの見知らぬコが…
てこ
てこ
なでこ
なでこ
2人が座ってたら
間に入ってきた…
ぎゅむ
おりたいの?
よいしょ

36. ちがう…

むふーん
モッチンお気に入りの
ゆきだるまセーターです
かわいいー♡
あモッチン
いいねーつぼ柄!!
友だちのお母さん
おっモッチン
モチ柄セーター
にあうね!!
……
みんなほめてくれるけど
みんなまちがっている…
えっ
ギュっ…

37. 妹

キャッ
キャッ
ドタ
バタ
キャッ
いたーっ
なんだなんだ
かんだーっっ
見てた
きっぱり
いやかんでないよ テンションあがって かむマネしたけど
なでこ なでこ
わあああん
わあああん
バッ

トリペッ
大さわぎしすぎっ
いい加減にしなさいっ
ちょっと話するよっ
わあああん
わああん
モッチン…
お姉ちゃん
お父ちゃんと
お話するから
公園行こう…
上着きて
えっ
……
もた…
えっく
えっく
さすり
さすり
そ…
トリペの上着

38. 偶然知る

まつぼっくりがー あったとさー
コンニャク
コロコロ コロコロ あったとさ
たべた とさ♫
なんか 出すの？
あれ…
お姉ちゃんが 大スキなレゴ
普段だったら 公園大喜び するのに…
ワーイ!!
普段レゴで モッチン遊ばないのに…
下のコらしい空気の読み…

偶然知ったモッチンの踊り

39. ディフェンス

怒ってます…
そこに座りなさい
言葉はイキモノでね
悪い言葉を使うと…
ばっばーん!!
…モッチン…ちょっとあっちいってて…
ふぬーん

ハイ…バイバイ…
バイバーイ バイバーイ!!
えっと悪い言葉は
口から出たら
たーっち
ハイハイタッチ…
たーっち たーっち!!
えーっとなんだっけ…
ある意味 姉を守った妹…

40. 近い近い

見にきた
うおっ
幼児というのは
びっくりするほど近くに
きますね…
ずいっ
こっちも負けじと…
た
おいしかった?
一言…
ずずいっっ
えぐ
えぐ
泣いちゃったの?
の
一言…
ずずいずいっっ
…ちょっと迷惑そう…

41. たぬき寝入り

おーい モッチーン
ハミガキ
たーっっっ
あっ 布団に…
ぎゅっ…
チラ…
じーっ
びっくう!!
モッチンはじめての寝たフリ…

42. お姉さんスイッチ

友だちが子連れで遊びに…
目視確認…
ハイハイ
つかまり立ち
キリッ
モッチニが
いちばんおねいさん…!!
うん
うん
さっ
なで
なで
さっ
忙しそうだね…
お姉さんスイッチ発動…

ある日のモッチン

ある日のトリペ

43. 通訳

ズージー
あーチーズ
ほしいの
ほい
ペコペコ
よく分かるなあ…
最近トリペの方が
モッチン語が
分かっている気がする

ウータン
何て言ってるの
??
ウータン（妹）
若かりし母
何で分からないんだろ
とか思ってたなー
そういや私も昔は
妹の通訳よくしたものです…
いらない
ブフッ
“いらない”とか
言ってる…
姉妹で会話が
はずむようになったんだなあ…

44. この胸に（妹）

うんせ
うんせ
あっ バスタオル…
小さい 手って…

第3章

いっしょにいれば、
ほっかほか

45. 冬の足音

ずーび
ずび
モッチン中耳炎から
あ 気管支炎ですね
ゲホ ガフ ガヘッ
耳鼻科に…
小児科に…
ゲフ ゲフ
ヨロ
ヨロ
あっ お母ちゃん お母ちゃん

サンタさん折れる？
えっ 折れない…
ニヤッ
気管支炎に サンタさんか…
カーー
冬だ… 冬がくる…
おり
おり
教えてはくれないらしい…

ぐい
お姉ちゃんのレインコート

もぞ
もぞ

イラ

ぎゃーん
こんなおばけ時間に何やってんだー
夜12時だぞ～
モッチンかんしゃくをおこして号泣し悪事がバレるの巻

46. 夜中の悪事

ねんねーっ
モッチン風呂に入らずキレッキレ

ギー
おーおー久々のボイコッチンですかー
（ボイコット＋モッチン）

ムク…

そー
コッ
コッ

47. 配達人

ワー
おばあちゃんから
ミカンが1箱送られてきた
それ以来 朝おきると
むっくり
たーっ
はい どーじょー
はい どーじょー
ありがとー
おー
数、分かってるのだろか…
必ずみかんを
4つもってきて
みんなに配る

48. 隠蔽

朝ごはんに
ピザトースト
モッチニ
半分
もっと!!
具だけ食べちゃ
だめ!! パンも
食べな!!
くるっ
（見ちゃ）
だめっ
裏返しても
具だけ食べた罪は
消えないぞよ…

49. 意識高い系

おはよーございます… おむつを かえます
たっ
えっ
尻まる出しで どこへ
おう… がんばるん ですかい…
さっ
シャー
お… おおう!!
パチ パチ パチ パチ パチ
スン。。。
はやく 尻をふいてくれ
いつものドヤ顔 もしない…!!
むふーん
「しっこをオマルでする私」を 当然のように 装っている…!!
モッチンの意識改革…!!

50. 歩けども歩けども

30分かけて歩いて
登園するモッチン

40分かけて2駅
向こうに登園するトリペ

2人共よく歩くように
なったなぁ…
私
なんで
やせないんだろ
ゆっくり
ペースだからね…

51. もう少しだけ!

最近イライラモッチン

このあいだ生まれたと思ったのに…

52. 足湯

今日先生がお昼寝の前にね
トリペちゃん手足すごく冷えてる…
あったかいでしょ〜
足湯?! なにそれありがたいじゃん…!!
よかったね…!!
ありがたいんだよ〜〜
うんうん
先生…ホントにいつも
ありがとうございます…

53. おまかせで!

もうすぐクリスマスです

何度聞いても…

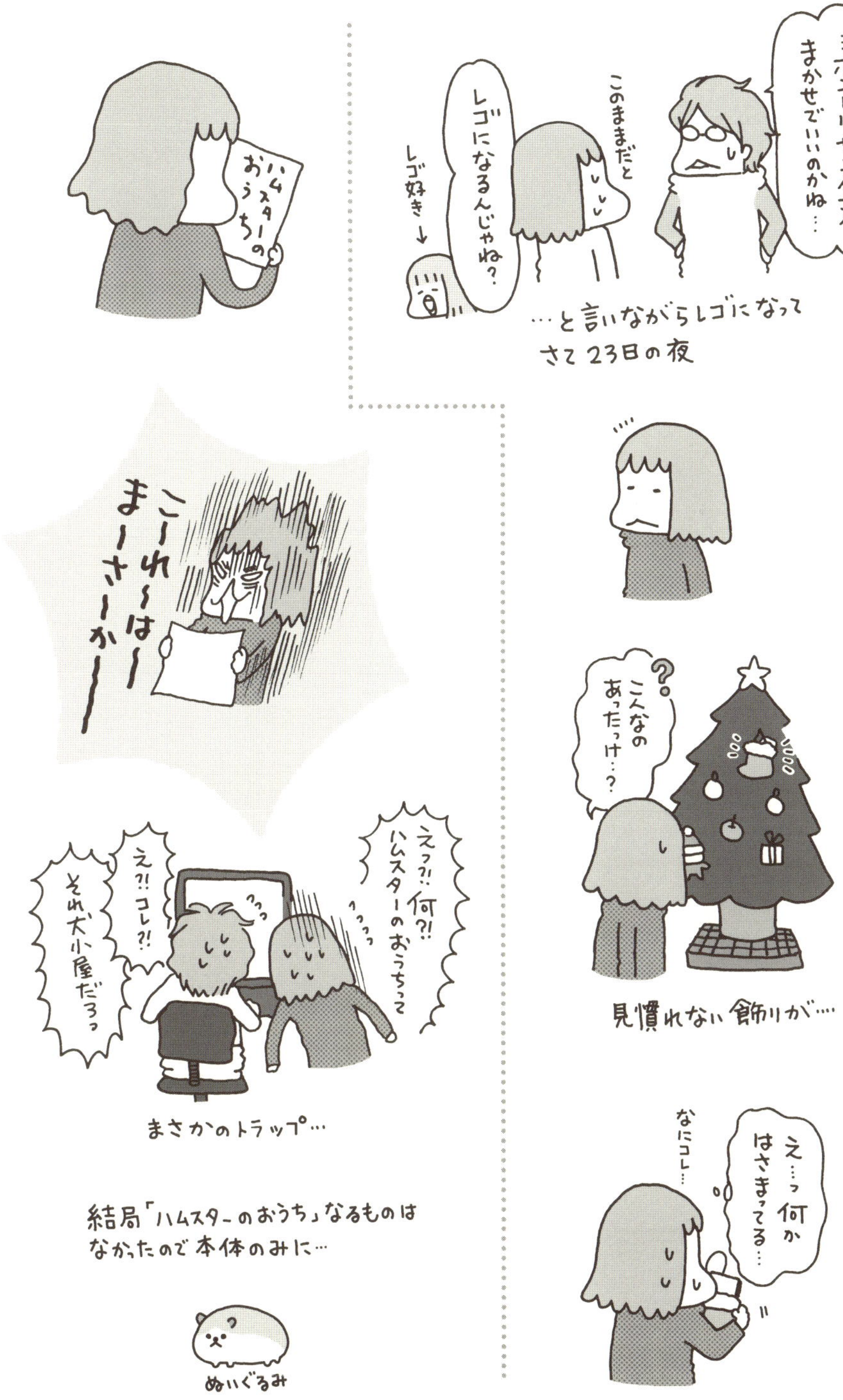

ハムスターのおうち
こ~れ~は~ま~さ~か~
えっ?! 何?! ハムスターのおうちって
え?! コレ?!
それ犬小屋だろっ
まさかのトラップ…
結局「ハムスターのおうち」なるものはなかったので本体のみに…
ぬいぐるみ
…ホントにサンタさんまかせでいいのかね…
このままだと
レゴになるんじゃね?
レゴ好き↓
…と言いながらレゴになって
さて23日の夜
こんなのあったっけ…?
見慣れない飾りが…
え…っ何かはさまってる…
なにコレ…

54. はじめてのお泊まり

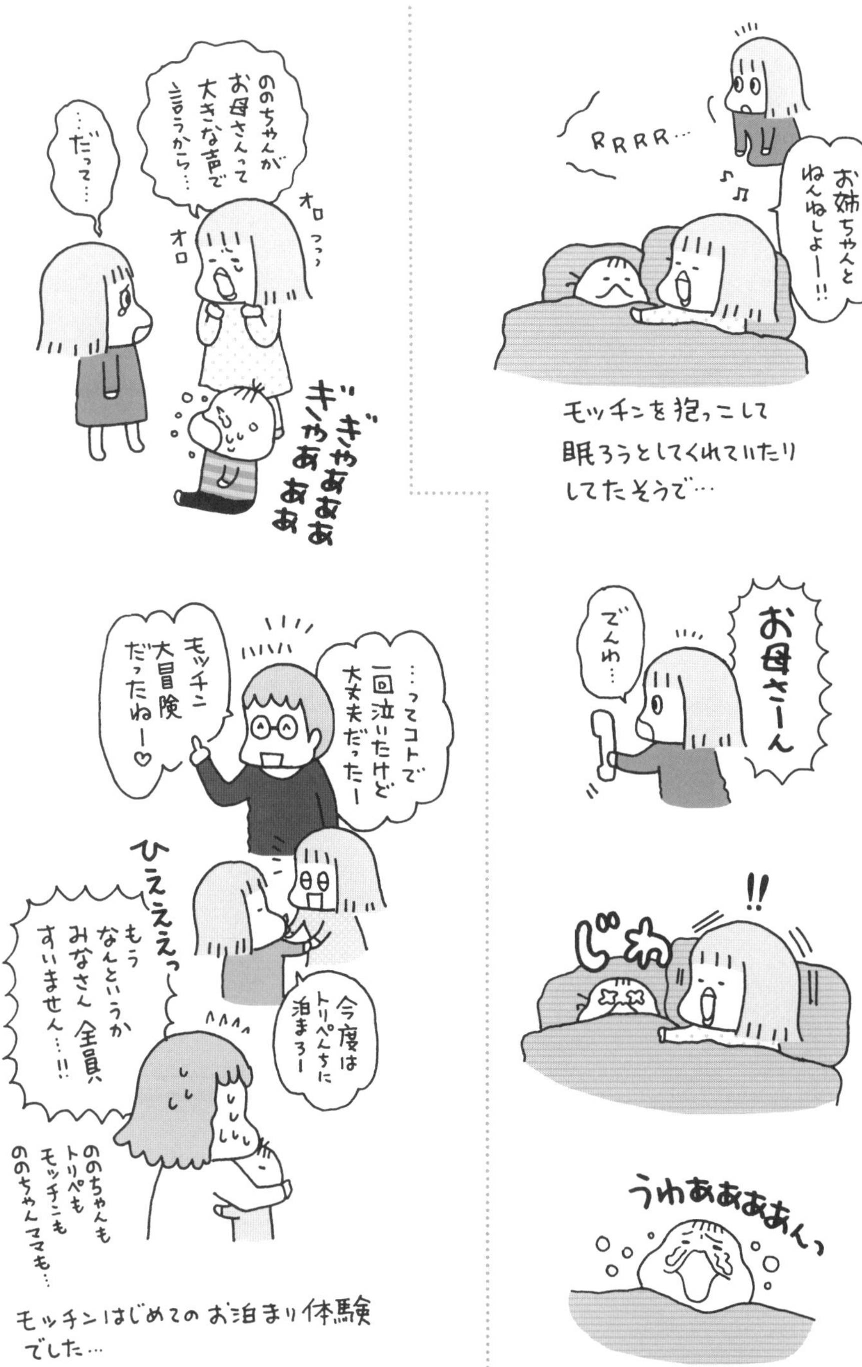
RRRR…
♪♪
お姉ちゃんと ねんねしよーー!!
モッチンを抱っこして
眠ろうとしてくれていたり
してたそうで…
お母さーん
でんわ…
!!
じわ
うわああああんっ
ののちゃんが お母さんって 大きな声で 言うから…
…だって…
オロ オロ
ぎゃあああ
ぎゃあああ
モッチン 大冒険 だったねー♡
…ってコトで 一回泣いたけど 大丈夫だったー
ひえええっ
もう なんというか みなさん 全員 すいません…!!
今度は トリぺんちに 泊まろー
ののちゃんも トリペも モッチンも ののちゃんママも…
モッチンはじめてのお泊まり体験
でした…

ほれっ
こげっ
どんどんこげっっっ
ヨロヨロヨロ
年末年始に2日間
2時間ずつ練習して
こげーっ
こげーっっ
お母ちゃーん
みてーーっ
のれたわよーーっっ
おーーっ
見とるぞーっ
トリペなんとかコマなし自転車
デビュー!!
いやーめでたいっ
めでたいついでになんとっ
気づいてました?
もう20日間も2人共風邪ひかずに元気でいるんですよ…
ええっ?!
こわい…この幸せがこわい…
ガタ
油断しちゃダメだ…油断しちゃ…
ガタ

56. バージョンアップ①

冬休みとお泊まり体験を
経てまた急に言葉が
ふえたモッチン…

…名詞だけでなく動詞や形容詞も
使用できるようになったため
イライラッチが少し落ち着いてきた…

そしてとうとう

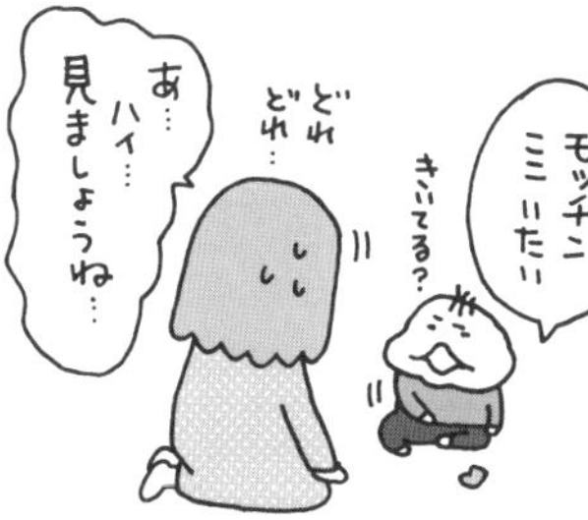

57. バージョンアップ②

……
リンゴ
それだめだよ
お母ちゃんのだよ
ちょっと…
キッパリ
ちがあう
モッチンの!!
会話できてうれしいけど
ジャイアンか…

58. バージョンアップ？

かーちゃん
かーーちゃん
と呼ばれていたのですが
あーちゃん♡
なぜか"K"がなくなった…
あーちゃん
ハイ〜
まあ"あーちゃん"も
まちがいではないので
いいのですが

59. ウソもバージョンアップ

どうしてもミッフィー三輪車で登園するという
イヤ…だめだから…

さーいくぞ

モッチニミッフィーちゃん好きだったのよね〜？

モッチンミッフィーキライ!!
気まずさから三語文でウソをつくように…

2歳目前がみているっ
じっ…
びくっっ

60. どっちだ？

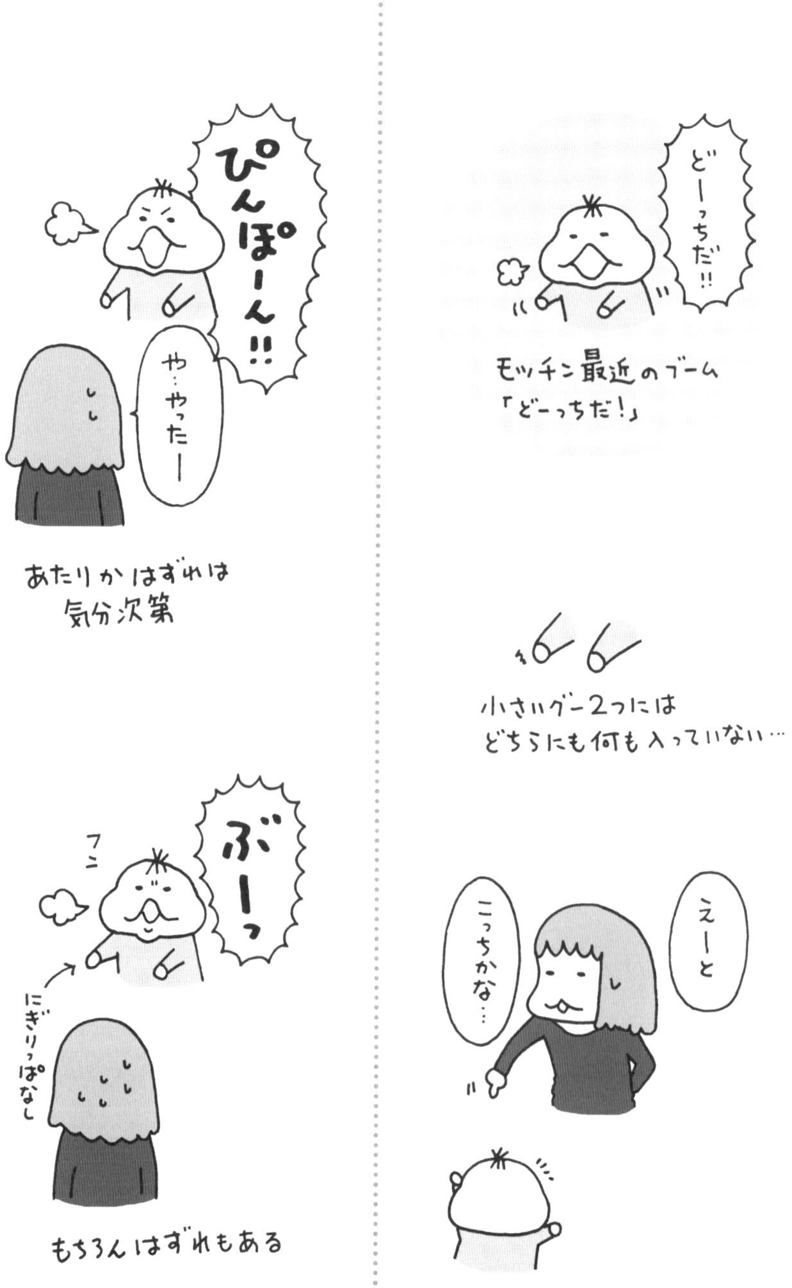
どーっちだ!!
モッチン最近のブーム
「どーっちだ!」
小さいグー2つには
どちらにも何も入っていない…
えーと
こっちかな…
ぴんぽーん!!
や…やったー
あたりかはずれは
気分次第
フン
ぶーっ
にぎりっぱなし
もちろんはずれもある

三輪車は押してもらうもの

ご飯はあーちゃんのひざで
あーちゃんに食べさせて
もらわないと食べません!!!

61. 強硬な姿勢

調子づいてやっていた
オマルですが…

急に見向きもしなくなりました…

62. 急成長

コロリン
お休み前には
回せなかったコマ…
お母ちゃん!!
保育園のコマ回し
大会で
むははっ
優勝したわっ
えーーっっ
回せないんじゃ
なかったっけ…?
??
それ前の
話でしょ…
いつの話…?
…子どもは一瞬一瞬で
成長していくなあ…

63. ぬくもり①

ある日のモッチン

64. ぬくもり②

65. ぶくろ

！
モッチンは気づいた
ぶくろ…あたたかいね…
ぶくろ
手袋をしていると手があたたかいことに…
出かけるときはまずぶくろ
それからは手袋にご執心
あっ困ったな…
一度保育園に"ぶくろ"を忘れてきてしまい
……
とりあえずお母ちゃんのしときなー
カニ
カニ
これはっあーちゃんのっだめっっ!!
そうだよあーちゃんのだよ床に叩きつけるなよ…

うまく入らない様子
ぶくろひっかかってる…
むつかしい単語知ってますな

別の日
よく小物を放置する
えーっと手袋手袋…

ほらっ あーちゃんのぶくろあるよっ
よかったねェ
おぅ ありがと…

とにかく"ぶくろ"が大事なモッチン

66. 反抗期

しばらく落ち着きを
みせていたトリペですが

乱高下

またやってきましたイライラ期

話は聞かない
叱っても知らんぷり

…え…

ええ加減にせんかーーいっっっ

5歳相手にマジ切れ大ゲンカ

反抗期ってヤツですかね〜 園では大丈夫ですけど
フフフフ…
そんなもんですよ〜
くっ…
← 告げ口

内弁慶か…

まったく
お母ちゃんはっ
カンカン
プンプン
ドス
ドス

自分の
布団にもどった
なんなんホンットに…

ファー
その日の夜

ぎゅむ

ちょっと!!
痛いでしょっ
私の枕
ガバッ
びくっ
なぜか私の枕の下からトリペが…

67. またくるね!

外でも
あっ
金魚
金魚
バイバーイ
また
くるから!!
家でも
ハイハイー
トリペー
歯ブラシー
トリペ
いっちゃったねー
またくるかなー
ペラ
ペラ
トリペはみがきだから
またくるよ
はッ
ズボン…
トリペー!
またくるねー!
うん
うん
"またくる"流行…

68. なぜ、そうする？

夏あたりからお手紙が
はやっているトリペのクラス
もらったお手紙
??
順番がバラバラにかいてあって読めない
横にかくときは左からでさ
聞いてないし…
あーうんうん
今日は絵本つくってきたわよー
ただいまー
モッチン読んであげるねー
……
なんじゃこれっ読めないやっ
ハハハハ
ハハハハハ!!
なんで文字を円状に書くんだ
こう…
??

69. この胸に（姉）

加湿機の影
こわいーっ
モッチン
おいで おいで お姉ちゃん 抱っこして あげるから
トリペの
うーって
ぐうぐう
またひどい目に あってる…
うーん
ムニャ ムニャ。。
ぐぅ ぐぅ
ゴロン と
相変わらず 妹にだけ 激甘なトリペ…

70. ぐちゅぐちゅペ!

ぐちゅ
ぐちゅ
ぐちゅ
『ぐちゅぐちゅペ!』がブームです
お茶
ペーっ
ああっ
やりおった!!
モッチニ…ぐちゅぐちゅペはどこでやるの?!
キリッ
あっち!!
洗面所方面…
そう…
ここでは飲むんだよね…?
ウンウン
のむ!!
そう!! ここでは飲むんだよ!?
のむ!!
…全然分かってないんだろなー…

71. 心変わり

72. 鬼は知っている

目が開かない…
クスクス…
早朝から2人がこっそり遊んでる声がきこえる…
あっ雲行きがあやしく…
やーめーてーよ!!
パチン!
やりおったな!!
ガバッ
わあああん
わあああん
寝起きの鬼降臨。
何があったか包みかくさず申してみよ
モッチンがひっぱったんだよ…!!
服を…

その後は
トリペ後ろむいてたから知らない…
なんで後ろむいてたんですかね…
ほおう…
フンッ
分かんないっっ
パチンッて音も聞いてるんですよ…
なんでモッチンは泣いてるんですかね？
鬼は全部知っている…

ごめんね…
モッチンひっぱった
ごめんね…
全然目的じゃないヒトが自白
目がバシャバシャ泳いでる
ぶつかったのかもね…？
あくまでシラを切り通す犯人…

73. 北風と

あのね あのね
うんうん
あのね
それでね
いつの間にか よく話しかけてくるように なった…
ビュ
しゃぶ〜い〜〜
おお… ありがとうございます…
小さきクマよ…
しゃこ しゃこ
手もあたためてくれる…

74. 節分①

毎年恒例 豆まきです

モッチンは怖がって
前の方には行けず

75. 節分②

うちでも豆まきするよっ
ほいっっ
ありがとー
豆の授与
ほいっモッチンも!!
あ…と…
ほわああああ
マスいっぱいの豆…
さあっ行くぞーっ
えっっ
ならんでる…
??
鬼もいないのになげてる…
鬼は外～
鬼は外～
福はうち～
福はうち～
??
すすんでる…

とりあえず列についていって
??
鬼は外〜
みんなが投げるときに2粒ほどそっと投げる…
??
フー
よーし豆まき終了!!
みんな年の数豆食べてくださいっっ
ボリ
ボリ
あっこの豆食べていいんですね
ポリ
ポリ
ポリ。
ポリ
あーコラコラ
モッチンはおしまーい
2粒なんだよ
ギャーッ
?!
モッチン心底意味が分からない1日…

76. 言語化

足が…いたい…
さっきフロ入ったし…
足あっためてあげるから座ってみ…
べそべそ
べそべそ
腰がいたい…
トリペさんそれは…
はいっ
39.8℃
夜中きっちり発熱…
翌朝…
頭がいたい…
うわあああん

77. 出ました！

足腰がヨロヨロするらしく

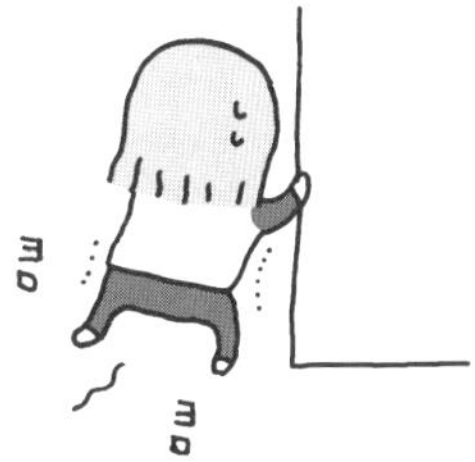
ヨロ
ヨロ

大丈夫かっ
ヨロ
ヨロ

あっちの壁から
こっちの壁へ… 伝い歩きを
しながらトイレに行くトリペ…

ひーっっっ
えらいこっちゃあ～

今まで頭が痛いと泣くことは
なかったのであわてて病院へ

大丈夫です
熱からの頭痛です
大人と一緒 言語化できるようになったんです
インフルエンザ脳炎とかでは…

今まではただ泣いてたのが
「頭が痛い」と言えるように
なったのであった…

再び病院へ…
あー お母さん
出たわ
インフルA
はい… 昨日から
分かって いました…
よいしょっ
よいしょっ
……
かけ声をかけるモッチン…
翌朝…
あっ熱 下がってるね…
どう？
どうもこうも…
いつもと全然 ちがいます
…ですよね…
ハー

ある日のモッチン

キョロ
キョロ
あっ
かあちゃん!!
ここにいたんだあー
すごい日本語あやつるようになったなあ…

子がインフル出たときはー

マスク!!
うっ寒いっ
ブル
換気!!
様子も見張れるしね…
そしてなにより
睡眠!!!
がっつり一緒に長時間寝た方がうつらない気がする…
さすがに隔離

78. 雪の朝

雪がふった翌日…
わあ!!
一面白く…
サク
サク
ふみながら登園
お母ちゃんもどうじょっっっ
お…恐れ入ります…
ご親切に…
大物を見つけると
ゆずってくれる…

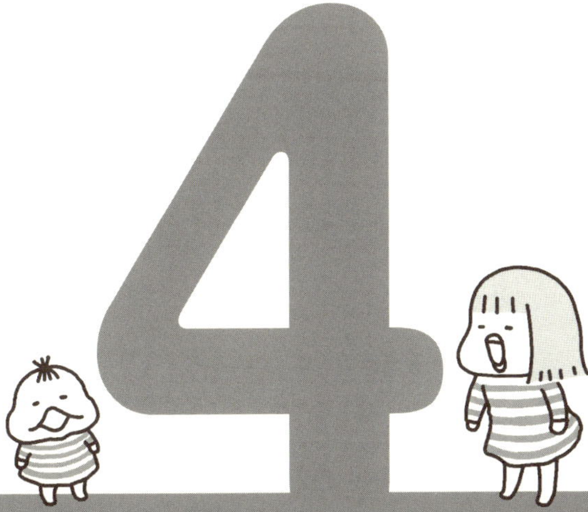

第4章

別れの季節は、
始まりの季節

79. 気配

RRRRR
そうですか!!
ありがとうございます!!
4月からの認可保育園入園が決まる…
トリペとは別の園…
…からの当日即呼び出し
今日書類とりにきて
えっほ
えっほ
5日後に説明会
その翌日は健康診断…
え?保育園て働いてる親対象よね?
なんでこんなにチョコチョコ呼び出すの…
小分けに…
仕事にならない…
トリペの時の園とちがうので勝手がよく分からない…

想像

おそらく大人の話を
もれ聞いたりして感じとったのだろう…

今通っている園に転園を伝えた途端
指しゃぶりが急に始まってしまった…

せっかく慣れて楽しそうに
通っているモッチンに転園の
話はできなかった…

しかし

80. よくできました!

81. 足音

ぎゃあああああっっ
だむ
だむ
だむ
だむ

ゾ〜〜

かん高い奇声…カンシャク…
ああ2歳が近い…

82. 羞恥心

なにかはよく分からないけどノリノリで歌って踊ってる…

……
はっ

ばっ

そうか…恥ずかしいのか…
つっぷしてる…

83. 別れの季節

せっせ
せっせ
日々保育園で
忙しかったトリペ…
無事準備も整い
卒園式でお兄さんお姉さんを
送り出したもよう…
トリペちゃんママー
あっユリちゃんのおばあちゃん
卒園おめでとうございます〜
美人
ユリのあの服いらない？
あと入学式着たら
いらないから
いただきます
即答
ひそかにトリペの卒園衣装決定…
ズ…ン…
トリペはお別れが
寂しすぎてしばらくナーバスに
なっていたものの
ある日
明日から年長さんだし
自分でおきがえ
出すわ…!!

せっせ
せっせ
立ち直ったのだね…
そしてモッチンも転園前日でした
ちょっと元気ない
モッチン!! バイバイね!!
ホント大きくなって!!

ウン バイバイ!!
にっこり
くっ…
うっ。。
がしっ
きっと…明日も会えると思って…
うぐっ うぐっ
トリペ見てごらんなさいよ…
またきっとすぐ慣れるよ…
何度やってもお別れはさびしいものです…

84. できてない…①

85. できてない…②

髪も自分で!!
へーー!!
ピコーン
対抗心が
めばえたのかどうか

トリペ全部自分で洗うわ…
キリ…
あっそう? やってみ…

シャワー
ナデナデ

ああ…
全然洗えてないね…
お母ちゃんできた!! できた!!
ハハハ
ハハハ

できるからっ
おそるおそる…
別に石ケンつけなくていいよ…
顔も大人のマネをして
あわをつけてみるが
ねこの方がしっかり洗ってる…

86. わたしの「さかな」

さいしょはぐるぐる
そのうち丸をかけるように
しゃかにゃ
ムフーン
おう…!!
さかなさかな!!
ウンウン
翌日も別の紙に…
しゃかにゃ!!
おう…!!
さかな…!!
パチパチパチ…!!
さかな
"魚"という絵の概念がモッチンの中でできあがったと思われる…

87. はし

はし
はし
あーごめん
スプーンまだだったね…
ハイ…
バシーッ
はし
へー…はし使うんですか…
保育園でみてきたの…？
みてーっっ
プルプル
すごいっすごいですっ
スプーンなんか渡してすいませんっ
パチパチパチ

88. 初日

……
なんとも言えぬ表情…
モッチン、転園して初めての登園です
もた…
イラ
くつ下のカカトが合わない
バミーッツ
ドキドキ
ドキ
不安定… 不安定…
モッチーン
ほー
トリペのお迎え後 モッチンのお迎えに…
ワイ
ワイ

ある日のモッチン

いーち
にーー
モッチンは
じゅ…
ざぱ
20まで数えられます
モッチンまだまだ
20まで数えてあたたまってから
じゅーいち…
…毎晩数えてるからです…

モッチーン
だっ
モッチンおともだちできた？
うん
うん
そっかーよかったねー
おともだち、できたそうです

89. かわいい生き物

ででででで
おなかしゅきましたー!!
なっとうごはんくだしゃーい

なにこのかわいい生きもの…

つい最近までハラヘッタで
ギャン泣きしてたのに…

90.「貸す、貸さない」

お姉ちゃんがもっている
モノがいい…
お姉ちゃんがやっている
ことがやりたい…
貸して
また ケンカしとるな～
鬼登場やで～
ズン
ズン
結果 よくこぜりあいに…
「貸して」は 言っている
だから 貸してもらえるはずと 思っている
「貸して」と言われてるから 貸さないとイジワルに なる
かといって毎回毎回 なんなんだよと思ってる
モッチー…ほら クマかしてあげるよ? どう?
ほれ ほれ
やだっっ
うわあああ
うわあああ
もうすぐ2歳が きくわけない

91. うちと外

よっこい…

階段を上手に後ろ向きにおりられるようになりました

歌もよく歌います

スキなんだね

とにかく始終歌って踊っている

しかし

みんなノリノリ
何がちがうんだろ…
ぼーー

保育園では全然やってなくて笑う…

92. 突然

なにより の 1人言…

93. 鉄棒

スタッ
つかまりさえできればできるのよ…
目下の悩み…
ぶらーん
ずっとぶら下がってる…
意外に手の力がつよいモッチン…
すごいっ
おおっ

ちょっとアレつかまらせてくれない…
くるん

94. 年長さんは難しい

話も聞かず…
ちょっと聞いてる?!
返事もロクにしないトリペ
おのれえええ…
モッチニのストレスや
反抗期もあるんだろうけど…
イラ〜〜
キリッ
次は小学生だからねっ
いそいそ
明日の服
アンバランスな年長さん…
キー
そんなら返事くらいしっかりせんか
おさえておさえて
アンバランスな年長さん…

95. シャーッ…、ゴンッ!

わーっ
さっさか さっさか
ちょ モッチン
待っ……
うっ…
急な すべり台
のぼる用石
砂場
ヤバいっっ ピンチ!!
高いし 急…
尻が すり切れる…
先にすべって はるか下に みえるトリペ
…モッチンさん… すべるの やめません…?
やだっ
…ですよね…
かといってモッチン連れて 石をおりられん…!!
トリペさーん!! すみません!! モッチン すべらすから よろしくー!!
手とかのばさないでいいから!! おりたら一緒にいてーっ あとズレして見てて!! 危ないからっ
ん?…OK OK

モッチン ゆっくり滑りなっ
おしりからっ ゆっくりよ!!
うんっ
チラ…
ス…
!!
ゴロン
ミカー
なぜかあお向けに なってしまった上に ななめに…
ミカーーッ
ゴニッ
ああっ
わーん
わーん
うわああ 大丈夫かーっ
もた
もた
ノロ
ノロ
うえ〜ん
緊急性が感じられない 石をおりるお母さん…

96. 鏡の前で

…見てるのバレたら怒られるだろな…

97. 対照的

ギャギャギャ
もっと!!
もっと!!
ちょっと…飛んでっちゃわない…？
スー
危ないっ もういいっっ
やめてよっ
まだそんな押してない…

98. お金だ、お金だ！

これプレゼントー
2人に
100均だけど
?
バラ バラ バラ
うわあああ お金だーっ
お金だ
お金
うちのコたちが人がちがったように…
これ食いつきいいのよ…
お札もあるよ

99. 厳しい

ぱっちり
ぐぅ
ぐぅ
あーちゃん…
ぐぅ
ぐぅ
ユサ
あーちゃんっ そろそろ 起きて!!
おはよう ございます…
早いな…
おなか すいたっ しっかり 立っちして!!
ひー

100. 自主練

あれ…
朝 起きたら 2人がいなかった…
トイレの方から声が…
あっ お母ちゃん！ おはよー
おそろいで…
おはよ… 何してたんだい…？
おしっこ

よいせ
しー
!
!
ジャー
ハハハハ
ハハハハ
えらい えらい
ハハハ
…で出てきたとこ!!
ハハハ
ちょ…2人共ハすごいじゃん…!! ありがと…!!
輝いてみえるよ…!!
あと大惨事が起きなくてよかった…
ブルッ

101. お邪魔します

ん〜〜……
大はまだ成功率が低い…
ガンバレ ガンバレ モッチーン
ヘイヘイ
……
また明日
あ〜……
スタスタスタ
……
お願い…閉めて…
出なくなっちゃう…
みんなのトイレを偵察にやってくる
トイレくらい1人にさせてよっ
分かるー お母ちゃんもう5年くらいずっと思ってるーー

102. フー

103. 読んでる?

黙読はフシギ…

104. いらっしゃい!!!

いらっしゃい!!!

第5章

あぁ…、2歳児!

105.1人時間差

だるまさんがー
もう一回!!
あははは
もう4回目…
それにしても…

先生ーもう一回!!
1人だけ真顔のモッチンちゃん…
よーしじゃあ最後!!
びろーん
あはははは
これおもしろいねェ!!
時差が…

106. 鬼と2歳

もむ
もむ
ぽいっ
くおらーっっ
今何したーっっ
鬼登場
ぎゃあああっ
ごめんなさい言わないとひろわないよっ
イヤアアア
じゃあ自分でひろいなーっ
イヤアアアア
のけぞりっ
あー…2歳…2歳…
は〜……
2歳ってとんでもないわね…

107. できますから！

108. 悩ましい

109. これぞ2歳！

ギャアアアアア!!
だん
だむ
だむ
2歳大爆発です

すげー…
地団駄までふむのか…
トリペはふんでなかったな…
朝っぱらから
何キレてんの
暴れっチンは…
毎日毎日…
最近のあだ名
他に
わるっチン
こまりっチンなど

今日はトリペの使っていたオモチャをムリヤリとろうとして断わられてキレています
わるいな…
絵に描いたような
2歳だな…
ジロイアンか…

110. ニッコリ①

夜中 ふと 目が覚める
？？？
ニッコリ
2時
おばけ時間に
なにを
やっているんだ…

111. 口調

チーズ
これ…あけられないでしゅよ…
がっくり…
タラちゃんみたいなしゃべりになってきたね…
ラブリー♡

112. ニッコリ②

113. フラれた…

114. ひきちぎる

115. 会話

116. 大人化

イスとテーブルセット

モッチンには専用イスが
あったのだけど

すぐとられる
きちん…
あっお母ちゃんの席…!!

最近は大人イスに座って
いる…

このカボチャちっちゃくして
ペラペラ
ちっちゃくした方が食べやすいんじゃない?

ハイ……
ぎゃふん…

正論も言われる

117. 金言

毎日のようにケンカしている…
ちなみに今朝は
ゴムのとりあい

うわああん
ギャアアア

…泣いてる間は話ができないよ
泣きやみなさい…

えっく
ギャアアアアア
イヤー
ゴオッ

双子だと思って育てた方がイイヨ――
ハラ
ハラ
先輩ママの金言が身にしみる…

118. 3つの基本

グワアアア
イヤ〜〜ッ
モッチンは小粒のくせに
内側からほとばしる
怒りエネルギーがすごい…

ギャアアアアッ
ベッチン
ベッチン
お母ちゃん 料理してきていい？
あーもう手がつけらんねー…
一度爆発したら最後
何を言っても聞こえてなく
静観するしかない…

なので外出するときは
体調ヨーシ
睡眠ヨーシ
お腹ヨーシ

充電が切れませんように…
ドキドキ
♪
すぐ休む すぐ食べる すぐ帰る
の「三大すぐ」が基本…

119. 美しい朝

朝6時… ①
おしっこしましゅ!!
たっ
シャー
美しい…
ていねい語での
高らかな宣言から
流れるようなしっこ…

120. 反省

ハイ モッチン スイカー♡
どした?
……
?
モッチン大きいのがいい!!
えっ
まさかコレ…?!
コレお父ちゃんのなんだけど…
賢明な姉
シャク シャク
…おなかいたくなってもしらないよ…
ニャ…
おなか……
いたい…
ず…ん
ちょっとテンション低め
一応反省してるのかな
翌朝いつもの「おかわりもっとくだしゃーい!!」はなかった…

121.「つ」

ん
つ
ま
ま
すごーい モッチーン
むふーん
字が少しずつ読めるようになりました
モッチン モッチン
ほら"づ" 探してみてよ
"づ"はお休みでしゅよっ
あっ 怒らせちった…
プリ
プリ
おっ 今朝もキゲン悪いねっ☆
プリ
プリ

122. 折り目正しく

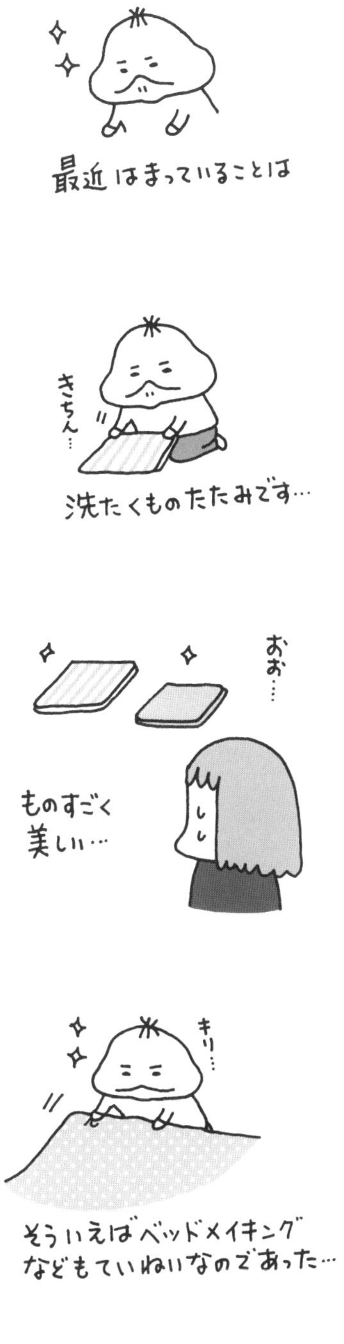
最近はまっていることは
きちん…
洗たくものたたみです…
おお…
ものすごく美しい…
キリ…
そういえばベッドメイキングなどもていねいなのであった…

123. ほんのキモチです

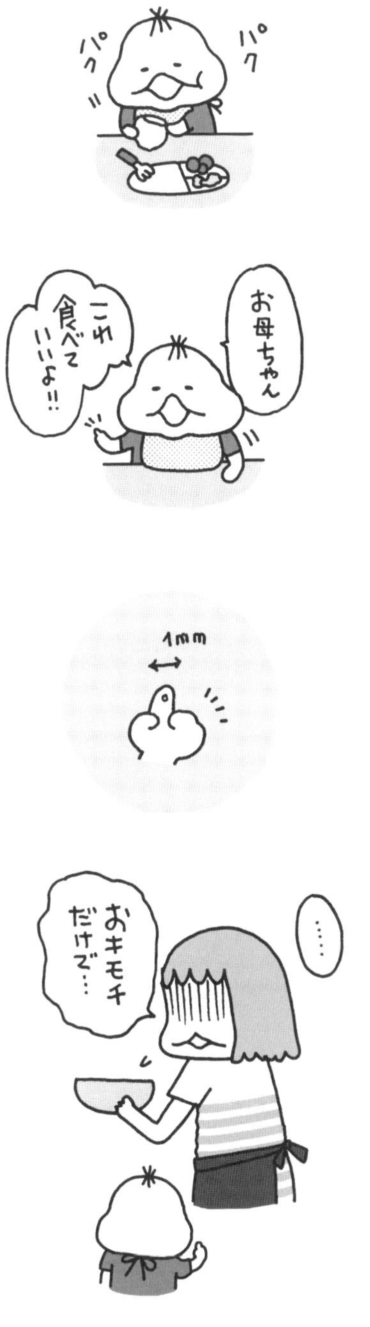
パク
パク
お母ちゃん
これ食べていいよ!!
1mm
おキモチだけで…
……

124. 蚊

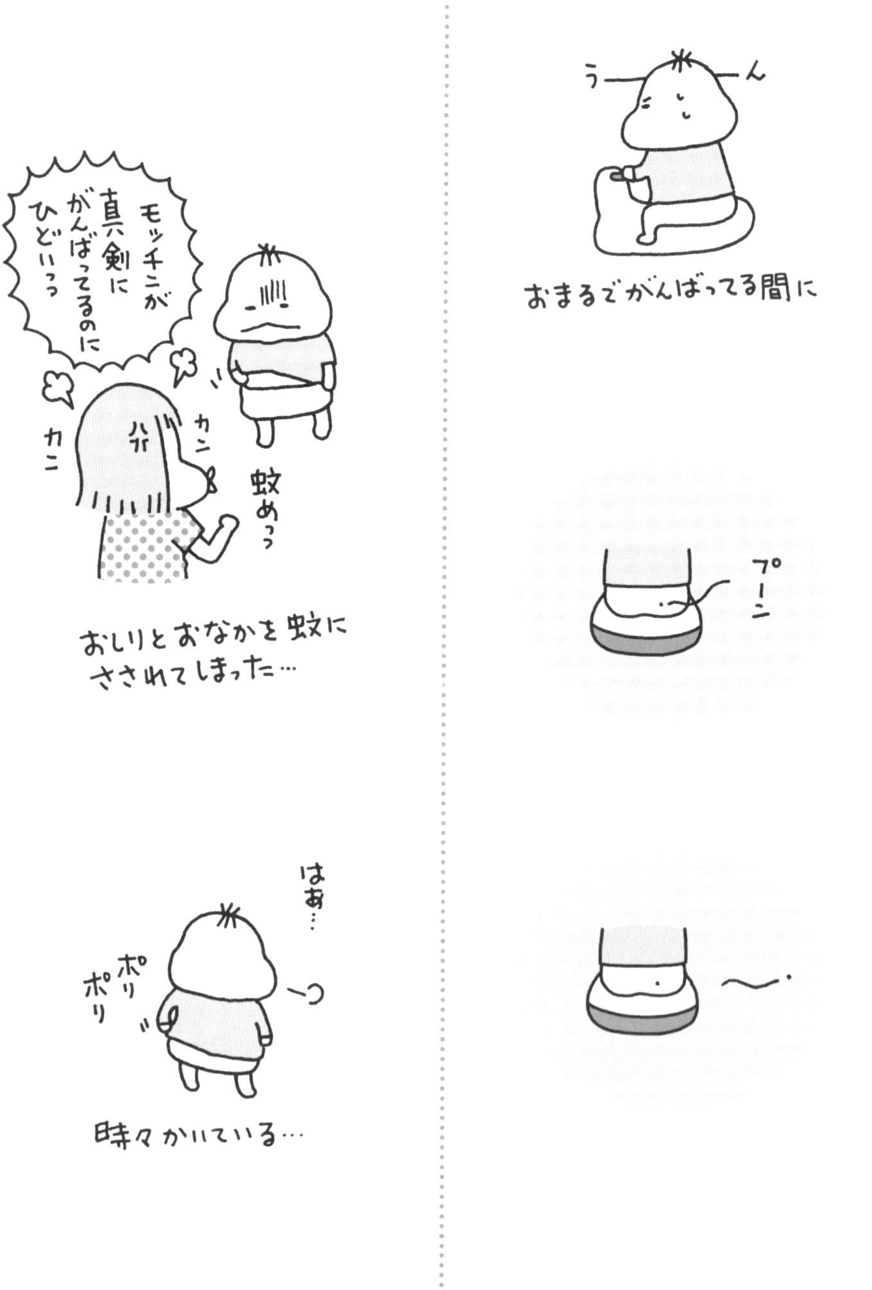
う〜ん
おまるでがんばってる間に
プーン
モッチーが真剣にがんばってるのにひどいっっ
蚊めっっ
おしりとおなかを蚊にさされてしまった…
はぁ…
ポリポリ
時々かいている…

125. 照れるなぁ

あ モッチこちゃん お魚大きいね
小さくしようね
ちょっと待っててねー
はいっ
ありがとー
どういたしまして♡
フフフ
照れてる…

126. ゴーッ

127. 外面

お母ちゃん気づかなかったヨー

…先生にもご迷惑おかけして…すみません…
ムチャクチャでしょう… うちの暴れっチニ…

えっ?!

園ではニコニコですよ!! いつも…
フシギ…
?!
えっ

内弁慶なのか 我々の対応がわるいのか…
危ないっ
ギーッ

トリペのひとりごと
2歳って一体どうなってんのよ…

128. 同意

朝ごパン…
ハイッ このパン分けてあげる!!
食べてごらん!!
あるけど…
ぱく
ぐいっ
…このパンかたいよね…
フ…
フランスパン
……

129. 報告

うわーん
いつもシャワーで泣いて
しまうらしいモッチン…
しかし今日は先生が…
モッチンシャワーで泣かないもんねー!!
ウン
ウン
泣かにゃいっ

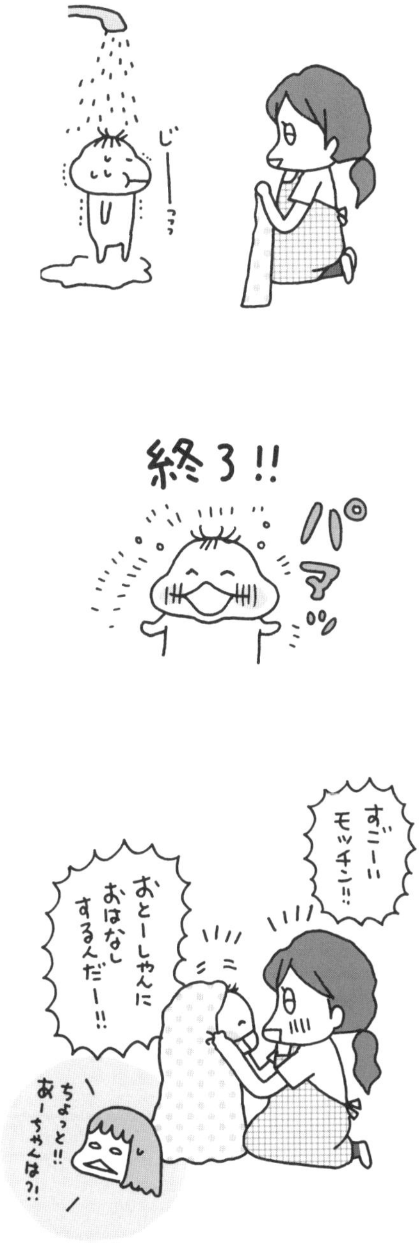
じーーっっ
終了!!
パァ°°
すごーい モッチン!!
おとーしゃんに おはなし するんだーー!!
ちょっと!! あーちゃんは?!

モッチン シャワーで 泣かなかったのー
帰り道何度も報告してきた
シャワー モッチン 泣かないよ!!
えらい えらい

130. なおってます!

鼻がのどにおちやすい
ケ゚フゴへ
明け方咳がひどかった
ハーイ
止まってはいるんですがプールはお休みで…
念のため…
キャッ
キャッ
モッチニは?
いそいそ
モッチニちゃんはお咳とお鼻なくなったら入ろうね
モッチニもうなおったよ!!
うーん 確かにそうなんだけど うーん…

131. 三つ編みブーム

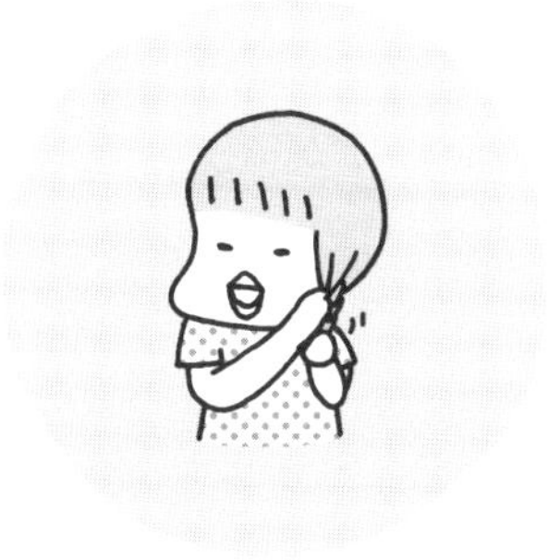

トリペ三つ編みが
できるように

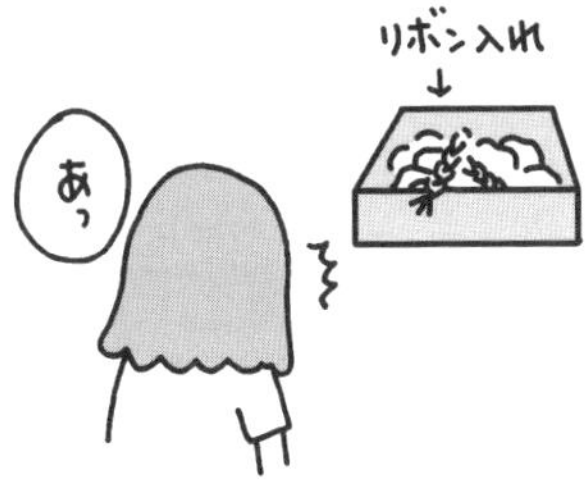

いろんなものに
トリペの足跡が…

132. 特訓

トリペ泳げるようになったのよー!!
顔つけできるようになりましたー!!
先生
父ちゃんとプールいっといで
お父ちゃんに泳ぎを見せてあげて〜
確実に泳げていないので本人には気づかれないよう泳ぎの特訓へ…
はいもっとバタバタする
泳げためー
眠い
ふし浮きと足バタバタはクリア…
ごくろう様デス…

翌日…

お母ちゃん!!
お母ちゃん!!

トリペもんのすごくできるようになってたわ…
先生にもめちゃくちゃほめられたの…

「自分の才能に気づいてしまってコワイ…」みたいになってる…

最近のモッチンの
お気に入り
びよーん
父のよくのびる
ひじの皮

133. ムーちゃん

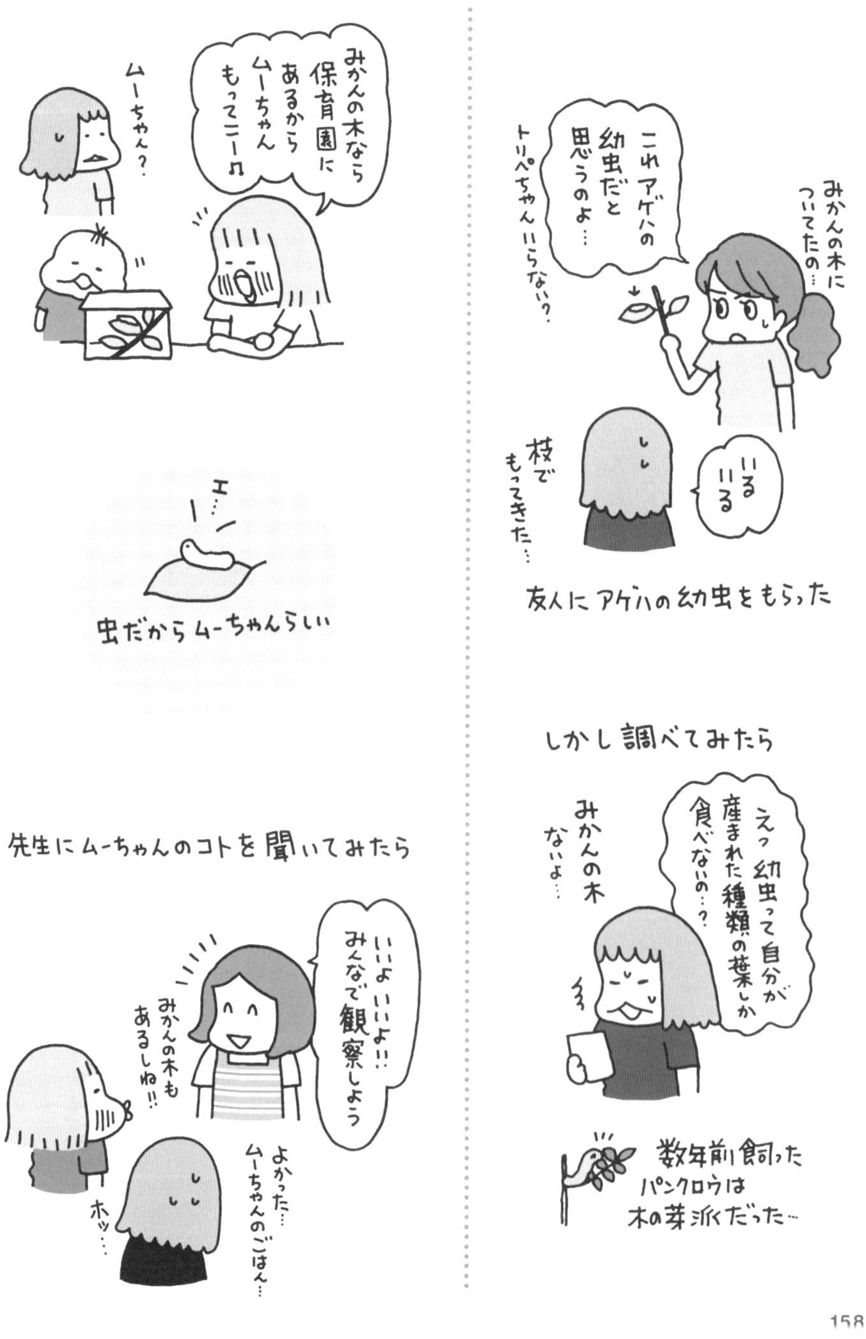

みかんの木についてたの…
これアゲハの幼虫だと思うのよ…
トリペちゃんいらない？
いるいる
枝でもってきた…
友人にアゲハの幼虫をもらった
しかし調べてみたら
えっ幼虫って自分が産まれた種類の葉しか食べないの…？
みかんの木ないよ…
数年前飼ったパンクロウは木の芽派だった…
みかんの木なら保育園にあるからムーちゃんもってこー♫
ムーちゃん？
エ…
虫だからムーちゃんらしい
先生にムーちゃんのコトを聞いてみたら
いいよいいよ!! みんなで観察しよう
みかんの木もあるしね!!
よかった…ムーちゃんのごはん…
ホッ…

それからトリペは
葉っぱあげたり
そうじしたり
毎日
よくお世話してますよ
ありがとうございます
ムーちゃん…
そして無事さなぎになったムーちゃん…
……
そしてムーちゃんは
ガヘ
ゲヘ
トリペが風邪をひいてお休みしている間に
ムーちゃんちょうちょになって飛んでっちゃった…
さなぎカラッポ…
ガーン
ムーちゃん…トリペちゃんありがとうって言ってるかな…
泣いてる…!!
言ってる!!
絶対言ってるよ!!
超言ってる!!

134. 発覚

チョキ
チョキ

トリペにお金をつくってあげた
(前もらったのはいつの間にかなくなった…)

えーと50円です
おつり50円です
客
客

連日お買い物ごっこで活用をしている

きちーん

使い終わったらきれいに整えて収納

うずっ…

モッチンには非常にステキにうつっていたにちがいない
(なのでモッチンにも作った)

アー
びくうっ

ちょっと!!
モッチンのあるでしょ?!
怒られるよ!!
よせ
よせ
よせ
よせ

ただいまー
あわわわわわ
ぐる
ぐる
さーお買い物ごっこしよー
びくっ
並べ方がちがうっっ
……
また勝手にさわったでしょ!!
自分のあるでしょ?!
キイッ
クー
……
…バレた…

135. 今日だけ、お姉さん

赤ちゃんを預かった♡
お母ちゃん…だっこ…
ごめん今はムリだなーついてきてくれる？
普段
ギ
いつもは文句ばかりのキレッチンも
赤ちゃんがいると我をおさめる様子
くつした
ポロン
ギャギャッ
お姉さんしてるなー
しかしあれの何にそんなにウケているのか分からないが…
フラ
フラ
もう10回くらいしてる
待ってる

136. 工夫

くつ下も

工夫…
おお…
ドーナツ
うまくはけるようにと先にドーナツをつくってみたりしている…

やってー
あぶないっ
ついこの間までオムツも途中ではくのをリタイアしていたのに…

脱ぐのも

着るのも

ALL自分でできるように!

137. 新しい靴

モッチンの新しいくつステキー
靴を新調した
みんな園庭あそびするヨ
くつはいてー
ワー。。。
……
どうしたの？モッチンちゃん
モッチンの…くつ…ない…
ギュ…
モッチンちゃんコレだよー
新しくしたんでしょ？
あーーっっ
忘れていた

138. おっしゃる通り

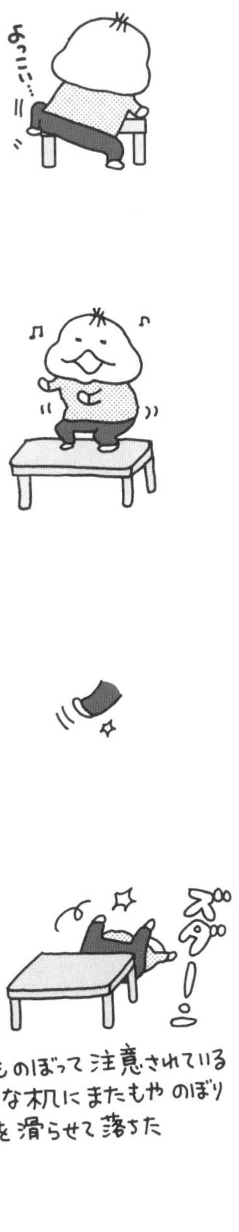

いつものぼって注意されている
小さな机にまたもや のぼり
足を滑らせて落ちた

泣きながらひたすら
うなずくモッチン…

139. コッシーが言ってた

140. それどころじゃない

141. ランドセル

…ランドセルを見に行く時期らしく

さっそく偵察に…

色も種類もたくさんある
ランドセル…

…全く関係ないのに はりきってる方も…

142. トリペ、6歳になりました!

16コあるから1人4コずつだよ!!
ハイ…
クッキー…
計算はやいな…

足し算・ひき算
かんたんなかけ算・割り算が
いつの間にかできるように

本となわとびがスキです

髪を自分で洗って

あと3日…

あと2日…

おめでとう—!!
うん!!

6歳になりました!
包丁もだいぶ上手に使えるように
なりました

いつもふざけすぎて
毎日怒られています

三つ編みも自分で
できるようになりました

…お母ちゃん…

まだ1人で寝られません

涙もろく感激屋な
ところもあります

お洋服屋さんとお洋服つくる人とお洋服売る人の仕組みを教えてくれない？
ごめん…それ今すぐ知りたい？
夜おそいんだけど…
え…と

子どもの6年ってすごいなあ…

ケンカでは
モッチンに負けて
泣かされっぱなしです

おわりに

1年に1冊。
ゆっくり出させていただき、とうとうトリペとも7巻まできました。
細々とひとりではじめた当初は、本になることも、
こんなに長く描かせていただくことになることも、
全く予想していませんでした。
ご愛読いただき応援してくださっているみなさまのおかげです。
本当にありがとうございます。

現実の我が家では幼児がいなくなり、
すっかり静かな落ち着いた日々を過ごしています。
誰かが突然理由不明で泣くことも、
怒って床を転げまわることもなくなりました。
私も臨戦態勢で子を見守ることもなくなりました。
すっかり油断している毎日です。
先日、2歳前のお子さんがいる友人家族と旅行にいきました。
そして「幼児という生命力の塊のいきもの」との日々を思い出しました。
そうだよねー、コンマ1秒で目にうつるもの
全部さわっていくんだったねー、と。
当時はその生命力の塊より速く動けていたのに、今じゃ完全に後手後手です。
日々の筋力瞬発力というのは使わないとこうして衰えていくのですね…。
あれからそんなに経っていないと思っていたのに、
やはり年月はしっかり経っていて、子どもたちも大きくなったのだなあと
小さな子の手をにぎる2人のお姉ちゃんをみて実感します。

当時の毎日の連絡帳やメモや写真を引っ張り出しながら、描いた今巻。
本書にいるあの小さな自由気ままなコたちは、もういないのですが
やはり0歳のときから、トリペはトリペで、
モッチンはモッチンだったのだなあと改めて感じます。
物事に対する感じ方や、接し方、スキなことや、苦手なこと。
少しお姉さんになった2人をみて、
今になって「なるほど」と納得することも多いです。
母は「子育ては子がいくつになっても面白い」と言っていましたが、
本当に面白いなあと思います。
先輩たちからは
「子どもはすぐおっきくなっちゃうから!」と何度も言われていました。
そうなんだろうなあ、とは思っていたのですが、
ホントにすぐでびっくりしています。

トリペは私の服が着られるようになり、
モッチンはなにか困ったことがあったらお姉ちゃんに頼り、
「お母ちゃんがいい!!」と泣いてくれることも少なくなりました。
小学生になった2人が、この本に出てくるくらいの小さなコたちをみては
「小さいなあ。かわいいねえ」と目を細めます。
キミたちもとっても小さくて、かわいかったんだよ。

いつの間にか、道の真ん中で「抱っこ」と言わなくなり、
いつの間にか「お母ちゃんじゃなきゃだめ!」と言わなくなり、
いつの間にか、大汗かくほど全力で泣かなくなり。
いつの間にか大きくなってるんだねえ。
手をつないでくれるのも、いつまでなんだろう。

きっとこれからもあっという間に過ぎていくから、
思い出し笑いができるような日々を
少しでも多く重ねることができたらいいなと思います。

最後になりましたが、水野良樹さんがご多忙の中
最高に素敵な帯文をよせてくださいました。
いただいた文章を何度も読み、そして読めば読む程、
こうしたなんでもない日々が宝物のように感じられました。

そうか、愛は一方通行じゃなく、
こういう線がかさなりあった結果のものなんだな、と。
こんなに深い文を、私のアホな日々の絵日記に贈っていただき、
とてもうれしかったです。
本当にありがとうございました。
きっと今だけでなく、今後反抗期を迎えたりしたときにも、
何度も必要になってくる文章なのではと想像します（笑）。
これからもずっと大事にいたします。

そして新担当のSちゃんに、前担当のYちゃん。
アシスタントのMちゃん。みんな全力でがんばってくれました。
みんながいたからこそ、こうして無事本が出せました。本当にありがとう。

夫にトリペにモッチン。毎日ありがとう。

そしてトリペとと、ずっと一緒に歩んできてくださっている読者のみなさまに
心からの感謝を贈りたいと思います。
こうして日々と共に、巻数を重ねることができたのも、
みなさまのおかげです。
本当にありがとうございます。

2017年　吉日　　コンドウアキ

でこぼこステップ
トリペと7

コンドウアキ

キャラクターデザイナー・イラストレーター・作家。
文具メーカー勤務を経て、フリーに。
「リラックマ生活」「リラックマ4クママンガ」シリーズほか、
「うさぎのモフィ」「おくたん&だんなちゃん」など
著作多数。

HP http://www.akibako.jp
twitter @kondo_aki
Instagram
http://www.instagram.com/akikondo_insta/

著　者　コンドウアキ
編集人　殿塚郁夫
発行人　永田智之
発行所　株式会社主婦と生活社
〒104-8357　東京都中央区京橋3-5-7
編　集　03-3563-5133
販　売　03-3563-5121
生　産　03-3563-5125
ホームページ　http://www.shufu.co.jp
印刷所・製本所　図書印刷株式会社

デザイン　コムギコデザイン
彩色アシスタント　上坂麻樹
編集　堺香織
Special thanks to TORIPE＆MOCCHIN

Printed in JAPAN
ISBN 978-4-391-15037-7

●乱丁・落丁はお取り替えいたします。
お買い求めの書店か、当社生産部までご連絡ください。